W0411731

Das ist mein Buch

Oliver

Der Junge auf seinem Esel freut sich.
Er reitet in ein fernes Land.
Willst du ihn kennenlernen?
Willst du hören, wie es ihm erging?
Dann mußt du wie er
eine weite Reise machen,
bis dorthin, wo die kleine Rahel lebte.
Von der will ich dir erzählen
und von ihm.

Jörg Zink

Geschichten von Jesus

für Kinder erzählt

*

Mit Bildern
von Hans Deininger

Kreuz Verlag

© by Dieter Breitsohl AG
Literarische Agentur Zürich 1986
Alle deutschsprachigen Rechte beim Kreuz Verlag Stuttgart
2. Auflage (41.–48. Tsd.) 1991
Kreuz Verlag Stuttgart · Gestaltung: Hans Hug
ISBN 3 7831 0825 X

Wie der weggelaufene Junge nach Hause kam

Die kleine Rahel wollte auch etwas sehen. Sie stand eingeklemmt zwischen vielen großen Leuten und sah nur die Beine eines Mannes vor sich und den langen Rock einer Frau. „Was willst denn du hier? Das geht doch dich nichts an", sagte ein großer Junge, schob sie zur Seite und drängte sich nach vorn.

Irgendwo vorn redete ein Mann und erzählte eine Geschichte, und Rahel wollte sehen, wer das war. „Es war einmal ein Bauer", hörte sie ihn sagen. Da endlich schaffte sie es, zwischen den Leuten nach vorn durchzuschlüpfen, und jetzt konnte sie ihn sehen. Ein fremder Mann stand da, in einem langen Umhang, an die Wand eines niedrigen Hauses gelehnt, und redete. Er sah freundlich aus, und als er sah, wie Rahel sich zwischen den Leuten durchdrückte, winkte er ihr und sagte: „Komm nur – das ist auch eine Geschichte für dich." Und Rahel setzte sich vor die Beine der Leute und hörte zu.
„Also", so fing der Mann noch einmal an, „es war einmal ein Mann, der hatte zwei Söhne. Die arbeiteten mit ihm auf dem Feld und im Haus, und es ging ihnen gut. Eines Tages sagte der Jüngere, kaum achtzehnjährig, zu seinem Vater: ‚Ich habe es satt, hier zu sein und Tag für Tag auf dem Acker zu arbeiten. Ich will etwas erleben. Du hast gesagt, ich würde später einmal Geld von dir erben. Gib es mir jetzt! Später brauche ich es nicht.' Der Vater wurde traurig, als er hörte, daß sein Sohn nicht bei

ihm bleiben wollte. Aber der ältere Bruder sagte: ‚Laß ihn laufen. Er taugt sowieso nichts.'"
„Das ist wie bei uns zu Hause", dachte Rahel. „Wie bei meinem Bruder. Der hat auch gesagt: ‚Ich ziehe aus. Keinen Tag bleibe ich mehr hier.' Und er ist fortgegangen. Der Vater war böse, und die Mutter hat geweint."
„Am anderen Tag gab der Vater dem Jungen das Geld. Der packte seine Sachen und ging fort. Er sagte nicht, wohin er gehen wollte. Vielleicht wußte er es selber nicht. Er wanderte Tag um Tag und freute sich, daß er frei war. Und wenn er an seinen Bruder dachte, dann lachte er und sagte: ‚Der Dummkopf arbeitet auf dem Feld!'
Manchmal fuhr er ein Stück mit dem Wagen, manchmal mietete er sich ein Pferd und ritt ein Stück. Er hatte ja Geld. Er war glücklich. Nur manchmal fühlte er sich sehr allein. Alle seine Freunde waren zu Hause geblieben, und neue Freunde fand er nicht so leicht. Außer dann, wenn er abends in einem Wirtshaus die jungen Leute, die er dort traf, zum Essen und Trinken einlud. Er gab

sein Geld aus, weil er doch Freunde brauchte und weil er Freunde nur fand, wenn er zahlte.
Eines Tages zählte er die letzten Pfennige, die er noch in der Tasche hatte. Er war allein und wußte: ‚Das reicht gerade noch für heute und morgen. Dann habe ich nichts mehr. Was soll ich tun?' Er verkaufte seinen schönen Mantel, dann seine Jacke, dann sein Hemd an einen Wirt. Der gab ihm ein paar alte Lumpen dafür und etwas zu essen. Aber bald kam der Hunger wieder. ‚Was soll ich tun?' dachte der Junge. Da sah er neben der Straße eine Herde Schweine. Niemand war dabei.

Als er durch das nächste Dorf kam, fragte er die Leute: ‚Wem gehören die Schweine dort draußen?' Und als er den Besitzer fand, sagte er: ‚Ich habe nichts mehr, ich muß arbeiten. Brauchst du einen Hüter für deine Schweine?' Der Mann sah ihn von oben bis unten an und dachte: ‚So schmutzig und zerlumpt, wie der aussieht, kann er nicht viel taugen. Aber zu den Schweinen paßt er.' Und er sagte: ‚Gut, geh hinaus zum Schweinestall. Wenn du tüchtig arbeitest, kannst du bleiben.'
Der Junge trieb von da an die Schweine morgens aus dem Schweinestall einen schmutzigen, sumpfigen Weg entlang auf die Weide und abends durch einen schwarzen Morast wieder in den Stall. Dort schlief er bei den Schweinen auf einem Haufen Heu.
Als er eines Tages nach seinem Lohn fragte, hörte er den Bauern knurren: ‚Sei froh, daß ich dir Essen gebe und den Schlafplatz!' Aber auch das Essen wurde immer weniger. Morgens stand er hungrig auf, und abends legte er sich hungrig schlafen. Wenn er nachts in dem finsteren Stall auf dem Heu

lag, dachte er an zu Hause: ‚Mein Vater hat auch Knechte. Die hüten ihm seine Schafe und seine Ziegen. Aber die haben ein Bett. Die haben genug zu essen. Wenn ich bei ihm Knecht wäre, ginge es mir besser. Ich gehe nach Hause und sage zu meinem Vater: Ich habe mein Erbe verbraucht. Es war unrecht, daß ich weggelaufen bin. Ich bin nicht mehr dein Sohn. Ich will einer von deinen Knechten sein. Ich will alles tun, was du willst.'
Als es Morgen wurde, trieb er noch einmal die Schweine auf die Weide hinaus, dann ging er zu dem Bauern und sagte: ‚Ich gehe.' ‚Wie du willst', antwortete der und ließ ihn gehen. Und der Junge wanderte den weiten, weiten Weg nach Hause. Viele Tage lang lief er von morgens bis abends. Manchmal gab ihm jemand etwas zu essen oder einen Platz zum Schlafen, an den übrigen Tagen legte er sich abends hungrig unter einen Busch.
An einem Abend, als er fast nicht mehr konnte, blieb er plötzlich stehen und warf die Arme in die Luft vor Freude: ‚Dort fangen unsere Felder an', rief er. ‚Und dort ist das Haus!' Und obwohl er zum

Umfallen müde war, lief er weiter, immer auf das Haus seines Vaters zu. Aber auf einmal blieb er stehen: ‚Wenn er mich jetzt nicht mehr will? Wenn der Vater sagt: Du willst doch frei sein! Geh wieder, woher du kommst! Und wenn der Bruder sagt: Was will der Landstreicher hier? Fort mit dem! Wenn sie mich fortschicken, was soll ich dann tun?'
Aber vor dem Haus stand der Vater und suchte mit den Augen die Straße ab. Irgendwann, das wußte er, würde sein Sohn wiederkommen. Jeden Abend stand er so, wenn die Arbeit getan war. Und diesmal sah er ihn! Dort! Ja, das war er. Endlich! Und der Mann lief ihm entgegen, nahm ihn in den Arm und drückte ihn an sich: ‚Mein Junge! Endlich bist du wieder da!'
Und der Sohn sagte, wie er es sich vorgenommen hatte: ‚Dein Sohn kann ich ja nicht mehr sein, aber ich will als Knecht bei dir arbeiten.' ‚Nicht mehr mein Sohn?' lachte der Vater und rief zwei Knechte, die in der Nähe standen: ‚Holt einen guten Anzug und Schuhe! Und holt ein Kalb und macht uns ein Festessen. Denn der hier, mein Sohn,

war tot und ist wieder lebendig! Wir hatten ihn verloren und haben ihn wiedergefunden.' Und die ganze Familie und alle Knechte und Mägde machten ein großes, fröhliches Fest.
Nur der ältere Bruder war nicht da. Wo war der ältere Bruder? Der war auf dem Feld und arbeitete. Als es dunkel war, kam er müde nach Hause und fragte einen Knecht: ‚Was ist los? Warum ist da Musik? Warum wird da getanzt?'
‚Dein Bruder ist wiedergekommen', antwortete der. ‚Dein Vater ist froh, daß er ihn gesund wiederhat. Da hat er ein Festessen auffahren lassen, und alle sind fröhlich und feiern.'
‚Mein Bruder?' fragte der Ältere. ‚Der Taugenichts? Der Landstreicher? Da soll ich mitfeiern? Nein. Ich nicht.' Und er blieb draußen und machte sich zu schaffen.
Der Vater sah ihn vom Fenster aus und ging hinaus zu ihm: ‚Junge! Komm herein! Dein Bruder ist gekommen!' Aber der Sohn antwortete zornig: ‚Ich arbeite hier Jahr um Jahr und habe kaum einen freien Tag. Meinetwegen werden keine Feste ge-

feiert. Aber jetzt, wo der kommt, gibt es ein rauschendes Fest!'
Aber der Vater nahm ihn an der Hand: ,Mein Sohn, du bist immer bei mir. Was mir gehört, gehört auch dir. Aber nun ist dein Bruder wiedergekommen, nicht irgendein Landstreicher, sondern dein Bruder. Komm, wir wollen feiern!'"
Rahel dachte: „Wenn mein Bruder wiederkäme, ja, ich würde ihm auch entgegenlaufen. Und die Mutter auch. Aber ob der Vater auch wieder gut mit ihm wäre?"

*

Und dann hörte sie den Mann weiterreden: „Ich weiß, es geht bei euch manchmal anders zu. Nicht jeder Vater würde den Jungen so liebevoll aufnehmen. Aber ich erzähle euch von einem anderen Vater: von Gott. Und Gott ist anders. Der möchte keinen von euch verlieren."
Während er das sagte, drängte eine Herde Schafe am Wegrand vorbei, und ein junger Mann ging voraus, der Schäfer. Er wollte mit seiner

Herde hinaus in die Steppe, wo noch ein wenig Gras war, und bis an den Rand der Wüste.
„Wer ist das eigentlich, der Mann, der da redet?" fragte eine Frau. Und eine andere antwortete: „Das ist Jesus. Der kommt aus Nazaret droben auf der Höhe." „Jesus heißt er", merkte sich Rahel, „der kann aber gut erzählen."
„Da, schaut ihn an, diesen Hirten!" rief Jesus, „heute abend wird er seine Schafe zusammentreiben und zählen, ob sie alle noch da sind. Was meint ihr, was er tun wird, wenn er merkt, daß eins fehlt? Wird er sagen: ‚Ach, ich habe ja hundert Schafe, da merkt man es nicht, wenn eins weggeblieben ist.' Wird er sagen: ‚Es ist davongelaufen! Es ist selbst schuld. Es soll sehen, wo es bleibt!' Ich glaube nicht. Ich glaube, er treibt seine Schafe zusammen und sagt zu seinem Hund: ‚Paß gut auf! Ich bin bald wieder da.' Er denkt: ‚Es ist ein kleines Lamm. Ich muß es suchen. Es kann von einem Felsen abstürzen, es kann sich in der Steppe verirren. Und wenn ein Wolf es findet, ist es verloren.'

Er läuft die ganze Nacht und ruft nach ihm und horcht, ob er hört, wenn es nach seiner Mutter blökt. Und am Morgen sieht er es ganz weit weg über einem Tal am Berghang stehen, ruft es, und das Schaf läuft ihm entgegen. Er nimmt es auf seinen Arm, weil es fast nicht mehr gehen kann, und bringt es zu den anderen. Und wenn es seine Mutter sieht, läuft es zu ihr hin und trinkt sich erst einmal satt.
Meint ihr", fragt Jesus die Leute, „Gott sieht euch nicht? Ihr seid ihm, was dem Hirten sein kleines Schaf ist. Ihr seid ihm wichtig. Und jetzt geht nach Hause!"
Und die Leute gingen durch das Hoftor auf die Straße hinaus. Nur Rahel blieb noch ein bißchen stehen und sah sich den Mann an, der Jesus hieß. Die Leute sagten: „Er ist ein guter Mensch. Er kann Kranke gesund machen. Er kümmert sich um uns. Gott hat ihn zu uns gesandt, und was er uns über Gott sagt, das ist wahr."

Fünf Männer auf dem Dach

Rahel war in einem Dorf zu Hause, das hieß Kafarnaum. Das lag an einem großen See, dem Genezaret, und war ein Fischerhafen. Dort kam auch Jesus immer wieder vorbei. Er hatte Freunde in dem Dorf, die hießen Petrus und Andreas und Johannes und Jakobus. Wenn er kam, heilte er die Kranken, unterhielt sich mit den Leuten und erzählte Geschichten.
Eines Tages kam Jesus wieder ins Dorf und besuchte Petrus. Die Leute redeten aufgeregt durcheinander: „Jesus ist da! Er ist im Haus von Petrus." Und sie liefen von allen Seiten zusammen und wollten ihn sehen. Und wer einen Kranken zu Hause hatte, legte ihn schnell auf eine Trage und sagte zu den Nachbarn: „Kommt, helft mir! Wir müssen zu Jesus!"
Als Rahel beim Haus des Petrus ankam, stand schon der ganze Garten bis zum Zaun und zur Straße voll von Menschen und vor allem von Kranken. Es kam niemand mehr durch, und auch wer vor

der Tür stand, konnte sich kaum mehr umdrehen. Da kamen zuletzt vier Männer, die trugen ein Holzgestell. Darauf lag ein Mann, der nicht gehen konnte, er hatte die Gicht. Die Männer sagten sich: „Wenn da einer helfen kann, dann ist es Jesus." Aber die Leute standen so eng, daß die vier schon auf der Straße steckenblieben. Sie schauten einander an. Plötzlich sagte einer: „Ich habe eine Idee! Wir gehen ums Haus herum und steigen aufs Dach!"

„Richtig!" sagten die anderen. „Wir gehen aufs Dach." Denn man konnte da hinaufsteigen. Das ganze Haus war aus Lehm gebaut, und man konnte auf dem flachen Dach stehen. Und manchmal, wenn es bei Nacht noch heiß war, schliefen die Leute oben auf dem Dach.

Sie kletterten also von hinten über die Mauer in den Garten, nahmen sich dort eine Hacke, zwei kletterten aufs Dach und zogen den Kranken an Stricken hinauf, und die beiden anderen kamen nach. Und dann fing einer an, mit der Hacke das Lehmdach aufzuschlagen.

Die Leute standen unten und schauten hinauf und sagten: „Das dürft ihr doch nicht!" Und Rahel rief: „Das Dach geht ja kaputt! Aufhören! Was wird da Petrus sagen? Und Jesus?"
Da hörten sie einen Augenblick auf zu hacken und dachten: „Ja, was wird Jesus sagen, wenn wir das Dach über seinem Kopf kaputtmachen?" Aber dann hackten sie gleich weiter: „Es hilft ja nichts! Wir müssen zu ihm ins Haus kommen! Und wenn die Tür verstopft ist, dann durchs Dach!"
Während Jesus innen mit den Leuten redete, hackten die Männer über seinem Kopf. Rums! Rums! schlugen die Männer. Innen fiel der Staub von der Decke, Lehm rieselte herab. Dann ging ein Loch auf, und der Lehm fiel in großen Stücken herunter. Da sah Jesus, daß die Männer oben einen Kranken bei sich hatten. Er dachte: „Wie groß muß die Sorge dieser Leute um ihren Freund sein, daß sie so etwas machen! Wie groß muß ihr Vertrauen sein, daß sie denken, ich würde mich nicht ärgern, sondern ihnen helfen!"
Schließlich war die Öffnung groß genug, und sie

ließen den Kranken auf seinem Gestell langsam hinunter; die Leute gingen zur Seite, und der Kranke kam gerade vor den Füßen von Jesus auf den Fußboden. Da lag er nun. Jesus tat es in der Seele weh, als er den kranken Menschen sah und hörte, daß es keinen Arzt gebe, der ihm helfen könne.

Aber dann tat Jesus nicht das, was die Männer auf dem Dach erwartet hatten,und auch nicht, was der Kranke sich wünschte, sondern etwas ganz anderes. Er sagte nicht: „Ich mache dich gesund", sondern sah ihn lange an und sprach dann mit ihm: „Du hast vieles getan, was nicht gut war; das ist deine eigentliche Krankheit. Das ist deine eigentliche Last, die dich drückt. Die nehme ich dir ab. Alles, was du Böses getan hast, soll vergeben sein. Es soll alles gut sein zwischen Gott und dir."

Die Leute waren ganz durcheinander. Die einen sagten: „Das ist doch nicht das, was der braucht! Der muß doch gesund werden! Was hat das mit dem zu tun, was er Schlechtes getan hat? – Das ist doch leicht, zu sagen: Es ist alles gut zwischen Gott

und dir. Aber er soll doch einmal zeigen, daß er ihn auch heilen kann!"
Die anderen sagten: „Woher will der wissen, daß Gott diesem Mann seine Schuld vergibt? Wie kann der sagen: Gott hat dir verziehen?"
Jesus hörte es und merkte, daß viele so dachten. Aber er wußte, daß man einen kranken Menschen nicht allein mit Pillen und Tropfen heilt, wenn auch seine Seele krank ist, sondern daß man beide heilen muß, den Körper und die Seele. Daß man ihn lieben muß. Er sah die Leute reihum an, alle, die in dem engen Zimmer standen, und sagte: „Ihr meint, das könne jeder sagen: Es ist alles gut zwischen Gott und dir! Der Mann muß doch geheilt werden! Darum will ich auch das tun, was euch schwerer scheint. Dann seht ihr, daß das, was ich sage, von Gott kommt."
Und er sah dem Kranken fest in die Augen, faßte ihn an der Hand und sagte: „Steh auf!" Der Kranke stand auf. „Nimm dein Gestell!" Der Kranke bückte sich und hob das Gestell auf. „Geh heim!" Und der Mann hob sein Lager auf die Schulter und ging

durch das ganze Menschengedränge hinaus, ganz allein, ohne daß ihn jemand stützte.
Rahel stand zwischen den Leuten und dachte: „Mein Bruder ist nicht krank. Er ist gesund. Er kann gehen. Er ist stark. Aber vielleicht ist er innen krank, in seiner Seele? Wenn Jesus ihn gesund machen könnte – ja, das wäre gut. Dann könnte er vielleicht auch wieder heimkommen."
Die Männer auf dem Dach und die Leute im Haus und auf der Straße standen mit offenem Mund da und staunten: „Das haben wir noch nie erlebt!"
Und einer sagte: „Das ist wahr. Man muß die Menschen lieben, wenn man ihnen helfen will!"

Eine wunderbare Hochzeit

Einmal, als Rahel zu Hause war, sagte die Mutter zu ihr: „Hör zu, Rahel, droben in Kana ist morgen eine Hochzeit, da sind viele aus dem Dorf eingeladen, auch Petrus und Andreas und auch wir. Ich gehe hin. Willst du mit?" „Natürlich", sagte Rahel, „eine Hochzeit ist immer schön."
Und sie gingen nach Kana. Das war nicht weit. Nach zwei Stunden waren sie da. Als sie ankamen, waren Petrus und die anderen und auch Jesus schon unter den Gästen, und seine Mutter Maria aus Nazaret. Eine Hochzeit war immer ein Fest für alle Dörfer in der ganzen Umgebung, und das Haus, wo sie stattfand, war brechend voll von Gästen.

Ein Hochzeitsfest war damals ein großes, schönes Spiel. Morgens ging der Bräutigam mit einem Esel zum Elternhaus der Braut. Die Braut setzte sich auf den Esel, und die Mädchen aus dem ganzen Dorf begleiteten den Zug in das Haus des Bräutigams. Dort wartete die Mutter des Bräutigams mit einer Krone in der Hand, die aussah, als wäre sie aus Gold, und der Vater der Braut hielt auch eine Krone bereit.
Im Hof standen zwei Schemel auf einer erhöhten Stufe, und Braut und Bräutigam setzten sich darauf, als wären es Throne im Schloß eines Königs. Die Mutter setzte dem Bräutigam die eine Krone auf und sang dazu ein altes Lied:

„Kommt alle und seht!
Seht den König
mit der Krone,
mit der ihn seine Mutter gekrönt hat
am Tag seiner Hochzeit,
am Tag der Freude seines Herzens."

Dann kam der Vater der Braut und setzte ihr die andere Krone ins Haar, und sie sangen alle miteinander:

„Kommt und seht!
Seht die Königin
mit der Krone,
mit der sie ihr Vater gekrönt hat
am Tage ihrer Hochzeit,
am Tag der Freude ihres Herzens!"

Bräutigam und Braut waren an diesem Tag König und Königin.
Dann sangen die Leute Lieder zu ihren Ehren. Die Braut sang Lieder auf den Bräutigam und der Bräutigam Lieder auf die Braut. Alle Leute sangen mit, klatschten in die Hände und tanzten dazu.
So sang der Bräutigam auf seinem Thron und schaute dabei die Braut an:

„Du machst mein Herz fröhlich,
geliebte Braut,
mit einem einzigen Blick

deiner Augen!
Wie schön ist es, daß du mich liebst,
geliebte Braut!
Viel schöner und kostbarer ist das
als der edelste Wein."

Er drückte ihr einen Kuß auf den Mund und sang weiter:

„Süß wie Honig sind deine Lippen,
süß wie Honig und Milch dein Mund.
Der Duft deiner Gewänder
berauscht mich
wie der Duft von Blütenbäumen!"

Dann sang die Braut:

„Ich bin wie eine Blume im Garten,
wie eine Lilie im Tal.
Und du, mein Geliebter,
bist wie ein Baum;
in deinem Schatten möchte ich blühen."

Der Bräutigam antwortete:

„Nicht nur eine Blume bist du, nein,
ein ganzer Garten voller Blüten.
Ein Garten mit duftenden Sträuchern.
Wie eine frische Quelle bist du,
wie ein Brunnen mit frischem Wasser."

Die Braut sang weiter und sah dabei die goldene Krone an:

„Du bist schön, mein Bräutigam,
dein Haupt glänzt vom Gold.
Du bist mein König!
Dunkel sind deine Locken,
deine Augen dunkel und schön
wie die Augen von Tauben,
deine Lippen sind rot
wie blühende Lilien."

Und sie gab ihm einen Kuß und sang:

„Dein Mund ist süß,
und alles ist herrlich an dir."

Dann sangen sie alle beide miteinander:

„Ich möchte dein Schmuck sein,
der an deinem Herzen hängt.
Ich möchte ein Ring sein,
den du am Finger trägst.

Denn die Liebe ist stärker
als der Tod.
Sie ist wie Feuer.
Man kann sie mit Wasser
nicht löschen
und mit ganzen Flüssen
nicht ertränken.
Die Liebe soll uns zusammenhalten
unser ganzes Leben lang."

Am Ende sprangen sie alle auf. Sie faßten sich an den Händen und tanzten im Kreis. Und die Mädchen riefen Rahel zu: „Komm mit!" und faßten sie, und Rahel wirbelte mit durch den weiten Hof unter lauter fröhlichen, begeisterten Menschen und kam mit ihren Füßen fast nicht nach. Auch die Braut und

der Bräutigam standen auf und tanzten in der Mitte, die anderen standen im Kreis und klatschten in die Hände.
Als sie lange genug getanzt hatten, setzten sie sich zum Essen nieder. Es gab alles, was die Leute nur zusammentragen konnten. Auf großen Schüsseln und Platten hatten sie alles, was gut schmeckte, aus dem ganzen Dorf gebracht. Und das Essen dauerte den ganzen Nachmittag und bis tief in die Nacht.
Aber das Wichtigste bei einer Hochzeit war den Leuten, daß recht viel Wein da war. Je mehr Wein das Brautpaar ausschenken ließ, desto schöner war die Hochzeit. Wenn aber kein Wein da war, dann saßen die Leute bald mißmutig da. Sie hatten keine Lust mehr, zu feiern, und die Hochzeit endete traurig. Wenn kein Wein da war, ging einer nach dem anderen nach Hause, und das Brautpaar blieb allein.
Bei dieser Hochzeit in Kana waren aber die Familien der Braut und des Bräutigams arm. Sie hatten selbst nicht immer genug, und sie konnten nicht alle

die vielen Leute bewirten. Deshalb trugen die Gäste selbst das große Festmahl zusammen. Und damit genug Wein dazu käme, hatte der Bräutigam einen reichen Weinbauern aus dem Dorf eingeladen, zur Hochzeit zu kommen. Aber der dachte: „Die sind mir nicht vornehm genug. Außerdem: Wenn ich komme, muß ich Wein mitbringen." Also sagte er: „Ich habe an diesem Tag keine Zeit. Ich will einen Acker kaufen und muß hingehen und ihn ansehen." Weil also nur wenige von den Gästen Wein mitgebracht hatten, ging er bald zur Neige.
Maria merkte es und ging zu Jesus hin: „Es ist zu wenig Wein da!" Jesus ging zur Braut. Die war ganz traurig und zeigte ihm im Haus drinnen die leeren Krüge.
Da ging Jesus in den Hof hinaus, wo die Leute noch schmausten, und winkte mit der Hand. Da waren sie alle ganz still und sagten zueinander: „Jesus will etwas sagen!" Und Jesus erzählte eine Geschichte: „Hört zu! Da war einmal ein Mann, der wollte ein großes Fest feiern. Er schickte seinen Diener von

Haus zu Haus, lud viele Leute aus der Stadt ein und ließ ihnen sagen: ‚Kommt alle zu meinem Fest!' Aber die Leute wollten nicht. Sie sagten: ‚Dann müssen wir ihn auch einladen! Das wird uns zu teuer. Und ein Gastgeschenk müssen wir auch mitbringen. Außerdem haben wir keine Lust.' So hatten sie alle eine Ausrede. Der erste ließ sagen: ‚Ich habe einen Acker gekauft und muß hinausgehen und ihn ansehen! Ich bitte dich, entschuldige mich!' Der zweite ließ sagen: ‚Ich habe zehn Ochsen gekauft, ich muß heute hingehen und sie abholen. Bitte entschuldige mich.' Der dritte ließ ausrichten: ‚Ich will in ein paar Tagen heiraten. Da ist noch viel zu tun. Ich habe leider keine Zeit. Bitte, entschuldige mich.'

Als der Mann, der das Fest veranstalten wollte, das hörte, wurde er zornig und sagte zu seinem Knecht: ‚Geh hinaus auf die Straßen und Gassen der Stadt und hole die Armen zusammen, auch die Behinderten und die Blinden, die an den Ecken sitzen und betteln.' Da kamen sie alle zusammen, die sonst keiner zu einem Fest einlud, freuten sich und

setzten sich zu Tisch, und es war ein großes Lachen und Lärmen. Es war aber noch Platz. Da sagte der Hausherr zu seinem Knecht: ‚Geh auf die Landstraße hinaus und lade sie alle ein, die da gerade vorbeikommen. Mein Haus muß voll werden.' Und bald war das Haus voll von fröhlichen Leuten, und weil sie alle zu denen gehörten, die sonst keiner einlud, wurde es ein ganz besonders schönes Fest."
Aber Rahel dachte: „Wenn ich nur wüßte, wo mein Bruder ist. Vielleicht auch auf irgendeiner Landstraße – und niemand lädt ihn ein!"

Und Jesus redete weiter: „Wir wünschen der Braut und dem Bräutigam Glück und Segen. Und vor allem wünschen wir ihnen, daß sie lange miteinander leben, und wenn sie einmal sterben, daß sie dann zu Gott kommen und mit ihm das große Fest feiern, das im Himmel sein wird. Und ihr alle auch."
„Ich auch!" dachte Rahel.
„Das wird schön sein. Da werden wir singen und tanzen und Gott rühmen und ihm danken. Es wird sein, als wäre Gott der Bräutigam und die Menschen seine Braut. Da wird Gott alle Tränen von den Augen der Traurigen abwischen, und es wird kein Hunger und kein Durst mehr sein und kein Leid und kein Schmerz. Gott wird mit ihnen feiern, und es wird alles gut sein. Denn die Liebe macht alles gut. Zwischen der Braut und dem Bräutigam hier und zwischen Gott und uns Menschen auch."
Und alle, die Jesus zuhörten, waren fröhlich und zufrieden, und es wurde ein schönes, langes Fest. Was dann mit dem Wein geschah, das wußte danach niemand von den Gästen genau zu sagen. Die einen sagten: „Wir hatten auf einmal genug

Wein!" Die anderen sagten: „Er hat Wein gezaubert!" Die dritten sagten: „Wir waren so fröhlich, als hätten wir ganze Fässer voll Wein getrunken. Wie es zuging, wissen wir nicht, aber wir haben noch stundenlang getanzt. Es war wunderbar."
Aber Rahel wollte wissen, wie das zugegangen sei mit dem Wein, und fragte Maria: „Mutter Maria, wie hat Jesus das mit dem Wein gemacht?" Und Maria nahm sie zu sich auf eine Bank, sah sie freundlich an und sagte: „Das ist nicht wichtig. Wenn Gott eingreift, geschehen manchmal seltsame und wunderbare Dinge, und es kommt nur darauf an, daß wir merken, was er uns damit sagen will: Daß nämlich, wie Wasser zu Wein wird, auch alles Schlimme und Schwere sich eines Tages verwandeln wird in Freude und Glück, wenn Gott uns zu sich holt in sein himmlisches Reich."
„Ja, das ist wahr", sagte Rahel, und als sie auf dem Heimweg waren, mußte sie noch lange nachdenken.

Der Sturm auf dem See

Der See, an dem Rahels Dorf, Kafarnaum, lag, war tiefblau und sehr groß. Wenn man mit dem Ruderboot von einem Ufer zum anderen fuhr, brauchte man gut vier Stunden. So groß war er.
Eines Tages war Jesus unterwegs am anderen Ufer, und als es Abend wurde, wollte er zurückfahren nach Kafarnaum. Da stieg er mit seinen Freunden in ein Segelboot. Es war warm, und die Sonne schien, und ein leichter Wind trieb sie über das Wasser. Aber als sie weit draußen auf dem See waren, schauten die Männer plötzlich zum Himmel hinauf, stießen sich an und sagten: „Schau mal! Das gibt einen Sturm!" Und sie fürchteten sich. Denn die Stürme auf diesem See waren gefährlich, und oft gingen auch große Schiffe unter. Was sollte da aus ihrem kleinen Segelboot werden? Jesus aber hatte sich hinten ins Boot gelegt und schlief.
Während sie noch so standen und die Wolken anstarrten, brach schon der erste Windstoß herein; das Segel riß sich los und schlug im Wind, die

Wellen wurden immer größer, und schon schlug der erste Brecher mit voller Wucht ins Schiff. „Schöpfen!" schrie einer. Und sie schöpften mit Eimern das Wasser hinaus. Sie schöpften, was sie konnten, aber immer neue Wellen schlugen ins Schiff herein.
„Wo ist Jesus?" schrie einer. „Jesus!" riefen sie durcheinander. Aber der schlief noch immer. „Jesus! Merkst du nichts? Ist es dir gleich, wenn wir untergehen?" Sie rissen an seinem Mantel, und Jesus erwachte. Er sah: Der Sturm war gefährlich. In wenigen Augenblicken konnte er das Schiff zerschlagen. Aber er sah noch einen anderen Sturm, und der war weit gefährlicher. Der tobte in den Männern, die da um ihn her standen. Alles, was er ihnen gesagt hatte über den Glauben, über das Vertrauen, über den Vater im Himmel, war wie weggeblasen. Sie hatten nur noch Angst. Sie zitterten, sie schrien vor Angst, sie wußten nicht mehr aus und ein. Es war wie ein Sturm in ihnen.
„Wißt ihr gar nicht mehr, was ich euch gesagt habe? Könnt ihr nicht mehr sagen: ‚Vater im Him-

mel'? Wo ist denn euer Glaube geblieben?" Und während er sie reihum anschaute, wurde es still in den Männern. „Ja, er hat recht", dachten sie. „Wir sind nicht nur im Schiff, und das Schiff ist nicht nur im Sturm, sondern wir und das Schiff und der Sturm sind in Gottes Hand."

Und Jesus ging nach vorn an die Spitze des Schiffes, als wollte er mit dem Sturm und mit den Wellen reden. Seine Freunde haben danach erzählt, er habe tatsächlich mit dem Sturm gesprochen. Sie standen hinter ihm, und einige schöpften weiter, und sie alle hatten ihr Vertrauen wiedergefunden. Wenige Augenblicke später merkten sie, daß der Sturm nachließ. So plötzlich, wie er gekommen war, verging er wieder. Die Wellen wurden flacher, die Wolken rissen auf. Sterne wurden sichtbar, und schließlich glänzte das Mondlicht über dem See.

Die Jünger brachten das Segel wieder in Ordnung und fuhren durch die Nacht nach Kafarnaum. Aber immer wieder mußten sie ihn anschauen, diesen Jesus, der vorn im Schiff stand und über das

Wasser hinschaute, und sie dachten: „Was ist das für einer? Der hat auch den Sturm in der Hand. Nicht nur den, der außen bläst, sondern auch den in uns."
Als sie in Kafarnaum ankamen, wußten sie: In dieser Nacht ist etwas Großes geschehen, und Gott hat seine Hand im Spiel gehabt. Sie merkten: Jesus ist noch größer, als wir bisher gemeint hatten. Aber wer ist er eigentlich?
Rahel war im Haus des Petrus. Dort saßen die Frauen beieinander und machten sich Sorgen. Aber da ging die Tür auf, und Petrus trat ein und hinter ihm die anderen, und die Frauen riefen durcheinander: „Gott sein Dank, daß ihr da seid! Wie habt ihr das nur geschafft? Bei diesem Sturm?"

Wie oft soll man neu anfangen?

Jesus wanderte mit seinen Freunden – das waren ein Dutzend Männer und einige Frauen – durch die Weinberge. Unter einem Ölbaum machten sie Rast. Es war heiß, und sie brauchten eine Pause. Da saßen sie: Petrus, der ein Fischer war, Mattäus, der ein Zöllner war, und die anderen. Jeder war anders. Der eine war sanft und der andere aufbrausend, einer war still und friedlich, ein anderer fand immer wieder einen Grund zu streiten.
An dem Tag hatte Petrus mit einem der anderen gestritten, und nun saßen die beiden mit finsterem Gesicht da, der eine oben am Hang, der andere unten an der Straße. Da sagte Jesus beiläufig zu Petrus: „Ehe es dunkel wird, gibst du deinem Freund die Hand!" „Dem?" antwortete Petrus. „Das ist nun schon das sechste Mal, daß der mich ärgert. Der ist schuld, nicht ich." Jesus fuhr fort: „Wer schuld ist, ist unwichtig. Geh hin und gib ihm die Hand. Die Sonne darf nicht untergehen, solange du zornig bist. Man nimmt keinen Streit über die Nacht mit."

Petrus ärgerte sich nun erst recht, daß er dem anderen Jünger die Hand geben sollte, und fragte: „Wie oft soll ich das denn machen? Jetzt ist es schon das sechste Mal, daß ich gute Miene gemacht habe. Siebenmal wird wohl genug sein." Jesus lächelte: „Siebenmal siebzigmal, Petrus!" Der mußte nachrechnen: Das heißt also vierhundertneunzig Tage lang jeden Tag. Das ist länger als ein Jahr. Als Jesus merkte, daß Petrus nicht wollte, erzählte er eine Geschichte:
„Es war ein König. Der hatte einen Minister. Dem hatte er vor Jahren einmal viele Tausend Mark geliehen. Aber der Minister konnte nichts zurückzahlen. Er hatte das Geld längst verbraucht. Da befahl der König: ‚Fesselt den Kerl und verkauft ihn auf dem Sklavenmarkt, dann bekomme ich wenigstens einen Teil des Geldes. Und seine Frau und seine Kinder, sein Haus und sein ganzer Besitz sollen auch verkauft werden. Vielleicht wird das Geld dann reichen, die Schuld zu bezahlen.' Und als der Minister gefesselt vor dem König stand, befahl der König: ‚Abführen!'

Da warf sich der Gefesselte voller Verzweiflung vor dem König auf die Knie und rief: ‚Tu das nicht! Ich will ja alles bezahlen. Bitte, tu das nicht!' Da bekam der König Mitleid und sagte: ‚Bezahlen wirst du das zwar nie. Woher willst du das Geld denn nehmen? Was würdest du tun, wenn ich dir die ganze Schuld schenken würde?' Der Minister rief: ‚Ich würde dir dankbar sein bis an mein Lebensende!' ‚Gut. Ich will dir deine Schuld schenken', sagte der König. ‚Steh auf. Geh nach Hause.' Der Minister stand auf, und man nahm ihm die Fesseln ab. Dann verbeugte er sich noch einmal vor dem König bis auf die Erde und sagte: ‚Bis an mein Lebensende werde ich dir dankbar sein!' Und er ging aus dem Saal.
Das Schloß des Königs lag auf einem Berg. Der Minister stand in seinem prächtigen Gewand, mit dem Turban auf dem Kopf und dem Schwert an der Seite da und schaute auf das Feld hinab. Dort arbeitete ein Bauer. Da fiel ihm ein: Das ist doch der, dem ich schon lange einmal hundert Mark geliehen habe! Er ging aus dem Tor und hinunter

zu dem Bauern auf seinen Acker und fragte ihn: ‚Wie ist das? Wann bekomme ich mein Geld?' ‚Du bekommst es ganz gewiß', sagte der Bauer, ‚aber ich habe jetzt gerade keinen Pfennig.' Da packte ihn der Minister an der Gurgel und schrie ihn an: ‚Zahle endlich, was du mir schuldig bist! Zahle, du Schuft!' Da bat ihn der Bauer: ‚Warte noch ein paar Wochen, dann will ich es bezahlen!' Aber der Minister wollte keinen einzigen Tag länger warten, sondern packte ihn und schleppte ihn ins Schloß, holte die Polizei, ließ ihn verhaften und sagte: ‚Abführen! Ins Gefängnis!'
Das sahen andere Leute vom Hof des Königs. ‚Das darf der doch nicht!' sagten sie, gingen zum König und erzählten ihm alles. Der König rief: ‚Holt den Kerl herein!' Und als der Minister wieder vor ihm stand, sagte der König: ‚Ich habe dir deine Riesenschuld erlassen, weil du mich so verzweifelt gebeten hast. Warum hast du mit deinem Schuldner nicht das gleiche getan? Warum hast du nicht auch gesagt: Ich erlasse dir deine Schuld? Nehmt ihn', rief der König den Soldaten seiner Leibwache zu.

‚Fesselt ihn! Werft ihn ins Gefängnis, bis er den letzten Pfennig bezahlt hat!'"
Petrus schaute auf die Erde vor seinen Füßen, als Jesus das erzählt hatte. „Ach so", dachte er, „so ist das! Weil Gott uns viel verzeihen muß, sollen wir auch den anderen Menschen verzeihen. Und man kann nicht das eine ohne das andere haben." Dann drehte er sich um, ging zu seinem Kameraden und gab ihm die Hand: „Komm, wir vergessen es!" Und sie waren wieder Freunde wie vorher.

Die Tochter des Jairus

In einem großen Fischerboot stand Jesus, und seine Freunde waren bei ihm. Sie fuhren nach Kafarnaum, legten im Hafen an und stiegen aus. Die Fischer luden gerade ihren Fang aus, und die Frauen standen am Ufer und kauften Fische. Wie immer, wenn Jesus kam, redeten die Leute gleich davon und sagten: „Jesus ist gekommen!" Auch im Dorf ließen sie alles stehen und liegen und liefen zum Hafen. „Dort ist er!" riefen sie einander zu. Viele wollten ihn etwas fragen, andere wollten ihn einfach nur sehen. Es war wie auf einem Volksfest. Da drängte sich auch ein vornehmer Mann durch: „Laßt mich durch! Mein Kind stirbt! Laßt mich durch! Mein Kind stirbt!" Er ruderte mit den Armen und kämpfte sich durch die Menge, kam bis zu Jesus und rief schon von weitem: „Meister! Meister! Meine Tochter liegt im Sterben! Nur du kannst ihr noch helfen! Komm zu uns! Mach sie gesund!" Und er kniete vor ihm nieder und faßte seine Hand: „Bitte, komm!" „Ich komme", antwortete Jesus. Jairus – so hieß der Mann – drängte sich wieder durch die Menge zurück, und Jesus ging hinter ihm. Aber es ging alles viel zu langsam. Denn da waren ja noch viele andere, die auch zu Jesus wollten. Auch Kranke waren da, die riefen: „Mach mich gesund!" Und so kam es, daß sie lange brauchten, viel zu lange. Sie kamen einfach nicht bis zu dem Haus, in dem das Mädchen lag und jeden Augenblick sterben konnte.

Da kamen ihnen schon Leute entgegen, die hatten Tränen in den Augen und sagten zu Jairus: „Jetzt ist deine Tochter gestorben! Es ist zu spät! Nun brauchst du Jesus nicht mehr zu holen." Jairus drehte sich zu Jesus um und wollte sagen: „Jetzt ist es zu spät! Sie ist gestorben!" Aber Jesus schüttelte den Kopf: „Nein, es ist nicht zu spät. Verlaß dich auf mich. Geh weiter!"

An der Tür zum Haus des Jairus stand Rahel. Sie kannte das Mädchen gut. Es war fünf Jahre älter als Rahel, ungefähr zwölf Jahre alt, und als Rahel noch klein war, hatten sie immer Mutter und Kind gespielt. Jetzt war ihre Spielfreundin gestorben.

Schließlich kam Jesus an das Haus des Jairus. Auf der Straße standen die Menschen und weinten, vor der Tür standen sie und klagten: „Ach, das liebe Kind!" „Ach, die arme Mutter!" Und als Jesus ins Haus trat, stand das ganze Zimmer voll mit Menschen. Aber Jesus wurde zornig und rief: „Was soll der Lärm? Das Kind ist nicht tot. Es schläft." Da jammerten sie noch mehr, und einige spotteten und sagten: „Woher will der das wissen? Natürlich ist es tot!"

Und Rahel dachte: Warum ist das so, daß die Menschen sterben müssen? Ich habe Angst.
Währenddessen lag das Mädchen auf seinem Bett, ganz still und blaß, und Jesus schickte die Leute alle aus dem Haus, so daß zuletzt nur noch der Vater und die Mutter und seine Jünger drin waren. Dann ging er zu dem Kind hin, beugte sich zu ihm hinunter, nahm seine Hand und sprach leise zu ihm, und die anderen hörten nur, wie er sagte: „Kind, steh auf!" Da schlug das Mädchen die Augen auf, bewegte die Hand und richtete sich ein wenig auf, und Jesus half ihm, aufzusitzen und aufzustehen. Zuletzt stand das Mädchen im Zimmer und ging vorsichtig ein paar Schritte. Es war, als wäre es aus einem tiefen Schlaf aufgewacht.
Wer nicht dabei war, als Jesus das tat, kann leicht sagen: „Ach! Das ist sicher gar nicht wahr." Aber es ist gar nicht schwer zu verstehen. Wenn ein Mensch stirbt, das ist, als ginge er durch eine Tür in eine andere Welt. In eine Welt, die wir nicht sehen. Wenn wir sagen: „Er ist tot!", dann ist er noch eine ganze Weile nahe bei uns. Er hört noch, was wir

sagen, und geht dann allmählich immer weiter fort, und der Körper bleibt allein da. Und manchmal kommt es vor, daß einer, der eigentlich fast schon gestorben war, wieder zurückkommt, wenn ihn jemand ruft.

Und das konnte Jesus. Gott hat ihm gesagt: „Zeige den Menschen, daß der Tod kein Tod ist." Deshalb hat Jesus einmal einen Mann namens Lazarus, einmal einen Jungen in dem Dorf Nain und einmal die kleine Tochter des Jairus zurückgerufen. Und als er selbst gestorben war, da ging er nicht gleich in die andere Welt hinüber, sondern kam noch einmal zurück, redete mit seinen Freunden und zeigte ihnen, daß die Toten lebendig sind, auch wenn wir sie nicht sehen.

Als das Mädchen auf den Füßen stand und in dem kleinen Zimmer herumging, standen die Eltern starr vor Schrecken und Staunen und Glück und konnten sich kaum rühren. Da sagte Jesus zu ihnen: „Was ich getan habe, geht niemand etwas an, nur euch und das Kind. Und jetzt gebt dem Mädchen zu essen. Es muß zu Kräften kommen."

Die Leute von Kafarnaum standen stumm draußen. Als sie durch das Fenster sahen, wie das Mädchen im Zimmer umherging, da wurden sie noch stiller. Und als Jesus auf die Straße hinauskam, standen sie schweigend da und dachten: „Was ist das für einer, der das kann?"
Und Rahel dachte: „Wenn Jesus das kann und wenn wir nach dem Sterben wieder leben dürfen, dann brauche ich mich ja nicht zu fürchten."

Der barmherzige Samariter

Als Jesus einmal nach Jerusalem wanderte – das war die Hauptstadt des Landes und eine große Stadt –, da führte ihn der Weg durch eine öde Gegend, eine Wüste, in der es nur Sand gibt und Felsen, aber keinen Baum und kein Haus. Es war heiß, und der Weg zog sich lange bergan auf das Gebirge hinauf, auf dem Jerusalem lag, an einer tiefen Schlucht entlang, in der rechts und links steile Felsen und in den Felsen viele Höhlen waren.

In den Höhlen hausten damals Räuber. Die überfielen immer wieder die einsamen Wanderer, die Reisenden und die Kaufleute, die die Straße am Rand der Schlucht hinunterstiegen nach Jericho oder hinauf nach Jerusalem. Auf der ganzen Strecke gab es kein Haus und keinen Menschen, der den Reisenden hätte helfen können.

Als Jesus und seine Freunde an einen Platz kamen, von dem aus sie in den tiefen, heißen, trockenen Abgrund hinunterschauen konnten, machten sie Rast, und andere Leute, die auf der Straße daher-

kamen, setzten sich zu ihnen. Einer von ihnen kannte Jesus und fragte ihn: „Was muß man tun, wenn man das ewige Leben gewinnen will?" Jesus antwortete: „Was steht denn in der Bibel?" Der Mann antwortete: „Da steht: Man soll Gott von Herzen lieben und den nächsten Menschen wie sich selbst." Jesus sagte: „Ja. Das ist gut. Tu das, dann wirst du das ewige Leben gewinnen."
Aber der Mann war noch nicht zufrieden: „Da heißt es ‚den Nächsten'. Es gibt doch Menschen, die zwar in der Nähe sind, die mich aber nichts angehen! Manche Menschen sind es wert, daß man sie liebt, manche nicht. Wer ist das: der nächste Mensch?"
Jesus schaute in die Schlucht hinab. Die anderen folgten der Richtung, in die er sah, und schauten ebenfalls hinunter. Dort unten zog sich ein schmaler Weg an den Felsen entlang, unter den Höhlen der Räuber. Und Jesus fing an zu erzählen:
„Es war ein Mann, der ging allein von Jerusalem diesen Weg hinunter nach Jericho. Plötzlich standen zwei Räuber vor ihm, und als er sich umdrehen

und fliehen wollte, standen zwei andere hinter ihm. Sie schlugen ihn mit Knüppeln nieder, leerten ihm alle Taschen, zogen ihm sein schönes Kleid aus und ließen ihn liegen. Da lag er nun, halbtot und blutend, und kein Mensch war da, der ihm half.

Nun kam ein Priester des Weges. Der sah den Verletzten reglos liegen. Vielleicht dachte er: ‚Er ist tot, es hat keinen Zweck, ihm zu helfen.' Er sah sich um, ob die Räuber noch in der Nähe seien, und lief, so schnell er konnte, weiter.

Als der Verletzte wieder zu sich kam, konnte er sich nicht rühren vor Schmerzen. Er versuchte aufzustehen, aber es ging nicht. Die ganze Schlucht war totenstill. Als er um Hilfe rief, antwortete niemand. Er hörte nur das Echo seiner eigenen Stimme.

Aber jetzt! Jetzt hörte er Schritte. Die kamen näher und näher. ‚Jetzt hilft mir jemand', dachte er. Der Mann, den er kommen sah, war ein Diener vom Tempel in Jerusalem. ‚Der wird mir helfen', dachte er. Aber der blieb nur eine Sekunde stehen, dann sah er sich erschrocken um und lief weiter, so schnell er konnte.

Nachdem der Verletzte lange allein gelegen hatte, hörte er wieder Schritte. Schritte eines Esels. Auf einem Esel ritt einer den Fußweg an den Felsen entlang. An seiner Tracht sah der Verletzte: Das ist ein Samariter. Einer von unseren Feinden. ‚Ein Samariter', dachte er, ‚hilft mir nicht', und legte den Kopf ganz verzweifelt wieder auf die Erde. ‚Jetzt wird es bald dunkel', dachte er, ‚dann kommt niemand mehr, und ich bin verloren. Denn in der Nacht, da kommen die Wölfe.'
‚Halt!' rief der Samariter seinem Esel zu. Der blieb stehen. ‚Was haben sie denn mit dir gemacht?' fragte er den Daliegenden. Und er untersuchte seine Verletzungen, wusch sie mit etwas Wein aus, den er in seiner Flasche hatte, und strich Öl darauf. Dann nahm er ein Tuch und verband ihn. Der Verletzte konnte nur sagen: ‚Du bist ein Samariter und hilfst mir?' Der lächelte nur und sagte: ‚Ist doch selbstverständlich. Stehen!' rief er seinem Esel zu. Und dann hob er den fremden, verletzten Mann auf das Tier und half ihm, sich festzuhalten. Er klopfte dem Esel an den Hals und sagte: ‚Geh vor-

sichtig!' Und während der langsam den steinigen Weg hinunter nach Jericho ging, hielt der Samariter den Verletzten fest, damit er nicht herunterfiel. Unten kamen sie an ein Gasthaus. Der Wirt kannte den Mann aus Samaria und begrüßte ihn: ‚Wen hast du denn heute bei dir?' ‚Den haben die Räuber in der Schlucht niedergeschlagen. Sei so gut, gib ihm ein Lager, daß er sich erholen kann. Hier!' Er gab dem Wirt ein paar Mark. ‚Er hat kein Geld mehr, das haben sie ihm abgenommen. Wenn er dich mehr kostet als das, dann zahle ich es dir, wenn ich in ein paar Tagen zurückkomme.' Der Wirt half dem Samariter, den Verletzten vom Esel zu heben, und sie trugen den Fremden miteinander ins Haus."

Als Jesus das erzählt hatte, saßen die Jünger und ein paar andere Leute noch eine ganze Weile still da.

Und Jesus fragte den Mann, der hatte wissen wollen, wer für ihn der nächste Mensch sei: „Wer von den dreien, der Priester, der Tempeldiener oder der Samariter, hat das Richtige getan?"

Der wollte nicht gleich antworten, denn ihn störte, daß er nun sagen mußte: Der Mann aus Samaria. Aber schließlich antwortete er: „Der sich um den Verletzten gekümmert hat." „Ja", sagte Jesus. „Dann tu dasselbe, wenn du in eine solche Lage kommst. Denn so liebst du Gott und den nächsten Menschen zugleich."

Als sie wieder allein waren, sagte Jesus: „Wenn ihr einem armen Kerl helft, den sie zusammengeschlagen haben, dann bedenkt immer: In jedem Menschen, der eure Hilfe braucht, ist Gott. Und wenn ihr für einen Verletzten sorgt, dann tut ihr das mir. Denn ich bin in allen Menschen, die eure Hilfe nötig haben. Wenn ihr einen Kranken besucht, besucht ihr mich. Wenn ihr einem Hungrigen zu essen gebt, gebt ihr mir zu essen. Das ist ein Geheimnis. Aber es ist so: Ihr könnt nicht zu mir gehören wollen und die Kranken, Gefangenen, Armen, Frierenden von euch stoßen. Ich bin, wo Gott ist. Und Gott ist in allen Menschen, die euch brauchen."

Wie man glücklich wird

Draußen vor dem Dorf war ein Brunnen. Dorthin gingen die Frauen, wenn sie Wasser holen wollten. Sie brachten Krüge mit, die füllten sie und trugen sie auf dem Kopf wieder nach Hause. Und Rahel ging oft dorthin mit. Sie traf immer auch andere Kinder und konnte mit ihnen spielen.

Einmal ging Rahel mit ihrer Mutter zum Brunnen und nahm ihren kleinen Krug mit. Den konnte sie schon tragen. Draußen aber standen viele Frauen und Kinder, und als sie näherkamen, sah Rahel, daß Jesus auf dem Brunnenrand saß und mit ihnen redete. Die Frauen klagten ihm ihre Sorgen. Denn die Fischer hatten einen gefährlichen Beruf, und manchmal konnten die Familien nicht satt werden. Da bückte sich Jesus und griff ins Gras. Das war voll von großen, roten Blumen, den roten Anemonen, die dort wachsen. Er pflückte ein paar davon und nahm sie in die Hand, hob sie hoch, so daß alle sie sehen konnten, und sagte:

„Habt ihr diese Blumen schon einmal genau angesehen? Natürlich, das sind nur Blumen. Sie blühen ein paar Tage, dann welken sie. Oder sie werden abgemäht, und die Esel haben ihr Futter daran. Aber habt ihr sie einmal angesehen? Wie schön sie sind! Man sagt, der König Salomo habe wunderbare Gewänder getragen, einen roten Rock und einen goldenen Mantel, weil er so reich war. Aber

wenn ihr genau hinschaut, dann seht ihr: So schön wie diese roten Blumen können die Menschen auch einen König nicht anziehen. Was für ein Künstler muß sie gemacht haben! Dabei sind es nur Blumen. Meint ihr nicht, daß Gott, euer Vater im Himmel, der diese Blumen so schön gemacht hat, auch euch sieht? Daß er eure Sorge kennt und weiß, daß ihr Angst habt? Meint ihr nicht, er könne euch helfen?"
Und dann sah Jesus in die Zweige hinauf, die über ihm waren, wo ein paar Spatzen kreischten, und sagte: „Seht doch die Spatzen an! Was tun sie? Sie sitzen nicht mit traurigen Gesichtern da und machen sich Sorgen, sondern suchen sich ihr Futter und leben ganz vergnügt. Gott hat es so eingerichtet, daß sie ihr Futter finden. Jeder von euch ist aber viel mehr wert als alle diese Spatzen zusammen. Keiner von ihnen fällt von einem Ast herunter, ohne daß euer Vater im Himmel es will. Meint ihr nicht, daß er auch euch sieht? Daß er eure Sorgen kennt? Meint ihr nicht, wir könnten ihm vertrauen?"
Und dann stand Jesus auf und sah die Leute der Reihe nach an, jeden einzelnen, und sagte: „Ich

weiß, jeder von euch hat seine Sorgen. Ich weiß, es ist schwer für euch. Ich weiß, was Armsein heißt und wie der Hunger schmeckt. Ich weiß, wie es ist, wenn man kein Haus hat. Ich habe selbst keines. Jeder Fuchs hat eine Höhle. In der verkriecht er sich, wenn er müde ist. Und jeder Fuchs hat einen anderen Fuchs bei sich, der zu ihm gehört. Jeder Vogel hat sein Nest an einem Haus oder auf einem Baum. Jeder Vogel weiß, wohin er gehört. Jeder Vogel findet sein Futter. Ihr seid natürlich keine Blumen und keine Vögel. Ihr seid Menschen, ihr müßt arbeiten. Das müssen die Blumen nicht. Aber ihr könnt arbeiten und dabei wissen, daß Gott eure Sorgen kennt. Ihr könnt vertrauen und denken: Gott wird mir helfen. Euer Vater im Himmel weiß, was ihr braucht. Er hat euch das Leben gegeben. Er hat euch die Erde gegeben und alles, was auf ihr wächst. Diesen See mit seinen Fischen. Diese Bäume mit ihren Feigen und Bananen und Datteln. Sich freuen und dankbar sein ist besser als sich von Angst und Sorgen zu Boden drücken zu lassen."
Da dachte Rahel: „Ich möchte Jesus etwas fragen.

Aber es sind immer so viele Leute da. Ich möchte ihn fragen, was ich tun muß, damit mein Bruder wieder heimkommt. Aber das geht ja nicht."
Da faßte sich eine der Frauen ein Herz und fragte Jesus: „Wie können unsere Kinder gedeihen und glücklich werden und das ewige Leben finden?"
Jesus nahm sie bei der Hand und sah sie an und ihr Kind, das sich an ihrem Rock festhielt: „Ihr braucht nichts, als daß Gott euch segnet. Wenn er euch segnet, das ist, wie wenn ihr einer Blume Wasser gebt, so daß sie wächst und blüht."
Und dann wandte er sich an die anderen: „Kommt, ich will eure Kinder segnen." Und er setzte sich wieder auf den Brunnenrand und fragte eine der Frauen: „Wie heißt das Kind?" Die Frau antwortete: „Es heißt Johannes." Und Jesus legte dem kleinen Jungen die Hand auf den Kopf, gab ihm einen Kuß und sagte: „Gott segne dich, Johannes." Dann fragte er Rahel: „Wie heißt du?" Sie sagte: „Rahel." Und Jesus legte ihr die Hand aufs Haar und sagte: „Gott segne dich, Rahel!" und gab auch ihr einen Kuß. Da wußte Rahel, daß alles gut werden

konnte. Aber sie konnte nichts sagen. Und während Jesus sich noch mit den Frauen und ein paar Männern und Jungen und Mädchen unterhielt, füllten Rahel und ihre Mutter ihre Krüge und gingen miteinander ins Dorf zurück.
Als es Abend wurde, kam ein Junge an den Brunnen und redete eine Weile mit Jesus. Dann ging er langsam die Straße zum Dorf hinab. Ich glaube, es war Rahels Bruder.

Inhalt

Gebete für Kinder

Heidi und Jörg Zink haben in diesem Band
Gebete für Kinder gesammelt
und nach Themen zusammengestellt:
Ein Gang durch den Tag vom Morgen
bis zum Abend, ein Gang durch das Jahr
von Advent bis Erntedank,
ein Gang durch die Welt und die Schönheit
der Schöpfung unter dem Segen Gottes.
Das Buch ist von Hans Deininger illustriert.

Kreuz Verlag